目次

在基隆：城、海、山與未來
②城市願景

基隆的生活

海鮮類不能退
乾魷魚
甜不辣
海鮮不能退
花枝丸
魚卷
魚餃
蛋餃
花枝餃

#基隆的味道

#基隆的風景

①

from 現在 to 未來：從文化出發的城市治理

作為海港城市的基隆，始終是處流動頻繁之地。大航海時期至今的悠遠歷史，造就了這座城市豐厚的養分。近年來，文化先行的城市治理，似乎讓基隆變得有些不同，在中央與地方政府的齊心協力下，多元歷史場景透過大規模的保存、修復及串接重現風華，引擎般帶動城市各區嶄新的發展契機，也讓市民更認識自己從何而來，又將朝何而去。

透過歷史與文化的縱深，重新尋找城市的新生命力——

文字／黃銘彰
攝影／蔡耀徵

基隆市長
林右昌

前文化部長
鄭麗君

我相信，我們那個年代許多基隆孩子也一樣，對於這座城市、這片土地的瞭解是斷裂的。

問：先請麗君部長聊聊你心目中的基隆？

鄭麗君（以下簡稱君）：我是台北出生、長大的孩子，當我想看海、看港口，第一個就會想到基隆。從小到大，很容易成群結隊來到基隆，它是我人生中的第一個港口。

隨著年齡漸增，慢慢瞭解到，基隆港在台灣歷史上長時間是台灣第一大港口。從史前、大航海、清治、日治，到戰後，這座城市一直扮演重要角色，是台灣與世界連結的客廳。發現基隆不只是台灣的基隆、更是世界的基隆之後，就有種想更深切認識它的渴求；而深厚的歷史底蘊，也讓藝術文化的種子在此生根發芽，許多音樂家、文學家都以在此地發生的故事爲養分，而孕育出動人的創作。由於上述種種，我會說，基隆不單是引領我們連結世界的重要門戶，也是帶著台灣人認識自己的文化城市。

林右昌（以下簡稱昌）：部長說她是台北孩子，但她沒提到的是，其實她還是基隆媳婦，先生是土生土長基隆人。而我恰恰相反，是在基隆出生、長大，但到了台北求學、工作。雖然現在是基隆市長，但我從來沒想過有天我會回到基隆當市長；一開始，我太太很反對我從政，我也沒有預期要選舉，不過，後來覺得好像回到基隆服務、重新認識這座城市，是個難得的機會、甚至是使命。

像部長說的，基隆有過一段非常豐厚的歷史，但即便我是基隆人，在回到基隆之前，對於這裡其實是陌生的。我相信，我們那個年代許多基隆孩子也一樣，對於這座城市、這片土地的瞭解是斷裂的。大學的時候，開始從書本、影像等各種媒介重新認識基隆；一直到後來回來選市長，對於基隆的願景便是透過歷史與文化的縱深，重新尋找這座城市的新生命力，就像一棵葡萄樹，根鑽得越深，上頭的果實味道會更甜美厚實。

我過往的專業是都市計畫，但我非常重視文化、歷史——基隆本身就有那麼特別的文史背景。因此，當上市長之後，我就決定以文化與歷史作爲城市發展的核心價值，結合兩個面向，啟動基隆市的再造，無論是市港再生，還是整座城市軟硬體的轉變。

我想，放眼全台灣，很難看到推動城市發展的核心單位是文化局，而不是交通或工程部門。「大基隆歷史場景再現整合計畫」作爲城市再造的重要一環，背後最重要支持我們的就是當時文化部的「再造歷史現場專案計畫」——我們拿到預算最多那年，文化局的資本預算是之前的二十八倍以上；這是個很驚人的數字，我當時看到都嚇一跳，畢竟在城市治理層面，文化部門經費要增加百分之十到二十都是少見的事，遑論二十幾倍。

問：麗君部長任內積極推動「再造歷史現場專案計畫」，能否聊聊當初的起心動念？又為何選定基隆市為旗艦示範？

君 我想大家不一定知道台灣的土地面積僅佔全球萬分之三，生物種類卻佔全球將近百分之四，那是全球國家平均值的一百五十倍。位處熱帶和溫帶之間的地理位置、多變的地形結構，造就了我們無比豐富的生物多樣性。然而，孕育自極具生命力的土地和海洋的我們，對自己的瞭解有多少？

音樂家馬水龍的創作根生於基隆廟埕傳統戲曲的滋養，作家王拓的文學深受基隆民間生活影響，作曲家葉俊麟的七千多首曲目產生自港口天天上演的悲歡離合，這片土地賦予了我們高度的文化多樣性，但我時時有這樣的感觸：台灣人好像時常是故鄉的異鄉人——我們渴望認識自己，渴望說自己的故事，但不知道從何開始。因此，我上任文化部長那時，就希望有機會讓我們與自己的過去重新連結，不只是找回歷史與文化記憶，更是要擁有再發現的能力，具備當代的視野重新思維、感受及陳述歷史。這件事得從保存生活中的記憶做起。文化保存不能只是單點、單棟的搶救運動，一座城市需要的是大規模的再造，從文化價值出發與過去重新扣連。找到城市的靈魂與生命力所在後，自然會知道未來要創造什麼、往哪裡走。

「再造歷史現場專案計畫」有個重要的機緣，在我當立委時，太平輪遇難事件家屬來向我陳情；因爲太平輪紀念碑被劃分在軍營內，悼念家屬還得申請，且一年只能進去一次。後來我去找了右昌市長，原先僅是要討論如何讓紀念碑不再爲圍牆所困，結果市長就談起他想透過文化歷史再造基隆的願景，他說這得要整區來做，串連起文化資產，找回基隆的眞實面貌。

那回太平輪紀念碑的討論給了我很大的啟發。後來，我把這種大規模文化保存的想法寫進了政策白皮書，上任文化部長後提出推行；而最早開始的基隆，就是所謂的典範計畫、旗艦計畫。在再造歷史現場的運動當中，文化部希望讓各地方的文化局處成爲主要推動單位，串起其他局處共同參與。

所以，爲什麼基隆會是典範？因爲有林右昌市長，他同時擁有城市規劃的知識與人文視野，且願意親自主持這個計畫，在行政治理上突破限制，整合跨局處。此外，基隆的再造還涉及港口，市長爭取了港務公司合作進行配套，宏觀地思考文史建築與生活空間的關係，才能讓文化傳承與經濟發展共生共榮。這樣的文化視野，才有機會把記憶找回來，讓城市帶著靈魂向前走。

昌 蔡英文總統和麗君部長都是非常重視歷史與文化的領導人，我覺得這也是一種機緣。國家和城市治理關乎價值的選擇與專業的實踐。擔任首長，每天都在做不同的選擇，這些選擇都不是容易的，要怎麼把有限的資源配置在對的地方？背後就是價值選擇——你相信

一座城市需要的是大規模的再造，
從文化價值出發與過去重新扣連。

什麼樣的價值，就會做出什麼樣的選擇。八〇年代以後到我上任前，隨著全球化帶來的產業變遷，基隆無法回應與調整，因而漸漸衰敗；背後的問題是，當你不清楚城市背後的歷史與文化價值，當然也看不清楚城市發展的方向與願景，也就無法擬定正確的計畫，結果就是競爭力落後。

單點建築的修復或保存、透過圖文的觀念傳遞……這些固然重要，但都比不上整體環境對於人帶來的認知改變。這也就是爲什麼我們要把文化與歷史放在所有建設政策的前面，從文化出發治理城市。說起來簡單，做起來其實很困難。就像部長提的太平輪紀念碑，爲了這個事情，我們後來甚至把整個營區遷走。那背後有多難協調，眞的是難以想像。現在新的中濱營區（和平營區）已經蓋好，部隊遷走了；接下來

你相信什麼樣的價值，
就會做出什麼樣的選擇。

就是要把原營區的建築拆除，部長任內圍牆已經退縮，那是第一步，下一步要把圍牆拆掉，讓太平輪紀念碑和法國公墓串在一起；除此之外，未來還會連結退輔會榮民紀念園區，共同縫合成再現大沙灣歷史園區。

同樣地，當文化先行，爲了要讓民眾更容易親近大沙灣歷史園區這個歷史場域，我們選擇將交通號誌往後退，延長斑馬線，打造適宜步行的歷史廊道，串接起園區與區公所旁的公園。以城市交通來說，這樣的策略可能會被罵，但，這就是一種以文化爲優先的價值體現。當目標確定了，心中的答案滿容易就出現了。

君 爲了這個區域的再造，即便文化部同意了，市府還要打通國防部，還要說服行政院；即使有了預算，但怎麼用，還

大規模的文化保存可以讓城市找回認同意識與光榮感。

卡在很多內部的法規制度，我深深覺得市長眞的不容易做。當一名市長沒有極大的決心，這當中每一個關卡都可能卡住、就此停下。現在看起來好像很自然，營區就是遷走了、圍牆就是打開了，但背後環環相扣，每道關卡都需要異常強大的決心才可能推進。

就像最近在和平島的考古工程，右昌市長也是大力支持，他甚至會主動用LINE傳照片給我，跟我分享進度。當眞的有發現（考古文物），他不但絲毫不覺得麻煩，反倒像是如獲至寶，告訴我那是台灣四百年的歷史文化記憶；甚至在我卸任前，他還來我辦公室說：「這個考古不只是基隆的事情，應該是全台灣的事情。」完全可以感受到他對於文化的重視與宏觀視野。

對於一座城市來說，文化歷史是有加值作用的，以基隆港再造爲例，它以保存了文化建物，帶動了整個港的再造、港務及相關產業的發展，甚至還將台灣的戰略與國家發展策略結合，實踐了共榮的可能。這讓文化部能夠拿基隆爲例說服其他城市，大規模的文化保存可以讓城市找回認同意識與光榮感。現在有三十七個計畫正在進行，一點一滴把台灣多元的歷史面貌重新拼湊回我們的生活空間裡頭；我很欣慰的是，也許等我年紀更大，這些計畫都長出故事，我就可以帶著孩子到每座城

市去，從爸爸的故鄉基隆開始，好好認識自己是誰。

昌 一切的力量背後，是因爲有價值的支持。在這次的計畫裡頭，我也不諱言，我們某種程度上翻轉了中央跟地方的關係，市府從不會計較這個是誰的事，該做的就撿起來做；因爲我們沒有時間等待，所以主動出擊，回過頭來協調、爭取中央與市府的計畫連結。

問：經過這些年的努力，市長希望未來帶給下一代什麼樣的基隆城市印象？

昌 基隆是海港城市，是國家的門戶，各種文化在這邊匯聚，因此這座城市性格理應是熱情奔放、開放積極，且充滿想像力的；它的色彩不應該是灰灰暗暗的，反倒應該是繽紛的。然而，在我上任前，大家對基隆的想像多半是模糊、甚至是陰沉的。

我大學讀景觀設計，深深知道城市意象的轉變需要長時間努力。既然基隆的冬天氣候濕冷，我就鼓勵團隊多使用溫暖的色系；從我們第一個色彩計畫「和平橋色彩塗佈計畫」開始，到現在最夯的正濱漁港彩色屋，都從一開始被周邊里民罵臭頭，到後來因爲廣受旅客歡迎而轉爲認同。我要講的是，民眾習慣於現狀，但說眞的，過去二、三十年的基隆處在一種特殊的情況下，我們不該把那個特殊情況當作常態，身爲城市治理者，我們要有自覺，把基隆本來人文薈萃的多元城市意象找回來。

透過城市再造，我們慢慢地調整這座城市，慢慢地讓民眾能夠接受新的生活方式，或者新的社會價值。如果基隆做得成，我相信，我們眞的可以把文化治理當作台灣國家治理的主軸，讓人民對自己文化更有自信、更有光榮感。

君 文化保存並不是「復舊」而已，它會讓想像力生生不息，它會創造希望。每座城市最終都要帶給市民希望，並讓居住於此的人找到生活的起點。基隆這幾年的治理經驗，整體來看是個非常好的典範，我認爲右昌市長眞的可以到國際上分享，特別在台灣這樣一個東亞的新興民主國家，如何經歷文化流失到文化認同的歷程、一座海口城市如何透過治理落實民主價值，我想這會是世界很想知道的故事。我想，透過文化，每座城市都可以找到城市本身的自信與希望，甚至有機會讓台灣在世界中定位；越在地，越國際，城市的力量其實非常大。

昌 其實我們做那麼多，某種程度也想回答：台灣人究竟如何看待自己？生命經驗往往決定了我們的認同，在大家看見的空間再造、文史爬梳背後，對於我和麗君部長來說，背後更大的理想是，讓未來的孩子更認識自己從何而來，更有自信地看待自己身處的土地、城市，還有我們的國家。

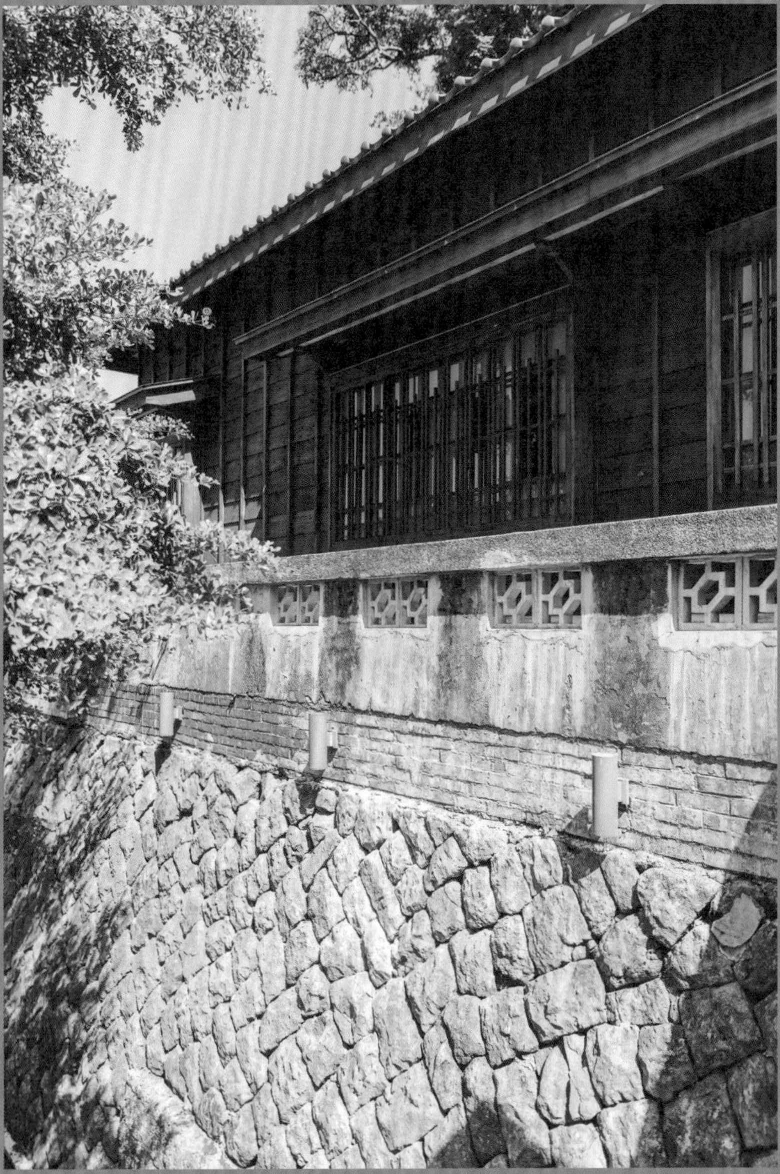

← to 未來

②

from 生存 *to* 生活：一場城市的再造實驗

● 構築一座城、海、山的未來——**王俊雄**

● 希望之丘暨梯工程——**邱文傑**

● 基隆美術館——**梁豫漳**

● 太平國小——**郭旭原與黃惠美**

構築一座城、海、山的未來——

王俊雄

文字／周鈺珊、劉玟苓

你可以想像你是從山、經過城市、然後直奔向海，你看在台灣怎麼會有這種地方呢！

絕對垂直與絕對水平之間的基隆城

基隆最特別的，是她的山與海之間關係非常緊密，這在台灣其他城市裡大概很難看到，也因此身爲基隆人，你的生活經驗，可以說是一種壯闊、是處在絕對的垂直與絕對的水平之間——你可以在很近的距離裡看到山，可是當你一轉身就會看到海，這是一件非常難得的事。基隆的山，實在很難去形容它的美，它其實是一個非常有稜有角的山的狀態，你可以感覺到原始地形的稜角；而基隆的海也與其他地區的海不一樣，我們在基隆體驗到的海，基本上是先有港，才看到海。所以，在港裡，水是平穩的，你好像在一面鏡子裡，能反映出海的起伏狀態。

由此說起我自身對於基隆的印象，除了山海，另一件事就是「雨都」，我其實非常反對以這個角度去形容基隆。雨都沒有形容出基隆山、海、城之間的密切、糾結、互相鑲嵌的狀態。所以我覺得雨都不是一個很好的形容城市特質的名詞。屬於基隆眞實的畫面，對我而言應是從國道一號高速公路下去時，從一個隧道出來之後是一個高點，直衝基隆港之時，我覺得這個都市經驗是非常驚人的。你可以想像你是從山、經過城市、然後直奔向海，你看在台灣怎麼會有這種地方呢！

當城市開始改變

近年，我參與了許多基隆城市的改造，在這些參與的背後，有一個非常重要的思考，即是我感到基隆是一座被嚴重低估的城市。以都市發展歷程而言，基隆其實代表台灣都市很典型的問題——基礎設施老舊、缺乏的二線城市，自有財源不足，而當公共設施空間不利生活，居民不願意購置房產，公私雙方都不願投資這座城市時，情況就每況愈下。因此對於市府而言，尋找外援、推動公共設施更新，是一項極困難卻必須接下的挑戰。

另一項更爲艱鉅的挑戰，則是在所謂城、海、山這個特色的彰顯。要彰顯這個特色，以港口爲港邊土地規劃主要思考方向即是一大挑戰。我們常常講說海景第一排、水邊第一排，它應該是最昂貴的、品質最高的公共空間，然而過去的基隆，這些空間都被築圍牆圍起。所以，如果我們今天要凸顯基隆的特色，港邊的土地的活化、讓空間重回市民手上便是必須面對的課題。

時序回到近年，我們可以看到公共設施有了非常多的修繕，這些修繕本身很重要，其實是要體貼市民，可如果沒有「港」的打開作爲關鍵之舉，小規模改造其實難以撼動原來結構。因此，基隆市政府花了非常多時間與港務局、港務公司、軍方協商、討論，以二十年工程爲時間軸，開始將原來的商港、軍港遷，讓港邊土地被釋放。

基隆近年以及未來的變化，其實就是這些事情雙管齊下的結果——我們一方面有小型社區、都市空間的改造，讓居民的生活可以過得更舒適；一方面改造基隆港U字型的港邊空間，讓東西岸變成一體。然而，還有一個更困難的事情，即是如何讓基隆市民可以以他們的城市爲榮。我們如何能夠透過建設，除了讓市民產生貼心舒適的感受、感覺到自己的城市要有一個大轉變外，如何能讓彼此產生正面思考，我認爲是在整個改造過程裡面最困難、也是最重要的事情。

踩穩腳步的往未來邁進

一座城市的改造，不會是一個短時間工程即能完成。對於現在的基隆而言，重要的是讓這個轉變的過程規劃出一個清楚的方向，並且在最根本的問題上面有一些初步的結果。例如在林市長的任內，應該有機會改造完內港，完成之後，基隆就會讓人覺得改頭換面。但接下來仍有更多地方要評估、要處理，基隆並非只有港邊，她有山、有非常多的街道、有基本設施需要去改造，港區改造只是第一步，更重要的，是如何能夠做下去。

基隆作爲一個匯集山、海、城多樣特色的城市，讓我對於未來的市長、以及未來的市政府有一個很重要的期許，這座美麗之城的公共建設，一定要按部就班地做，不能貪快，也不能急，我們一定要把馬步蹲足，才有可能產生一個具有永久性、前瞻性、未來性的城市改造。

如果我們今天要凸顯基隆的特色，港邊的土地的活化、讓空間重回市民手上便是必須面對的課題。

T.S. LINES
TS TOKYO
T.S. LINES
TS KAOHSIUNG

希望之丘暨梯工程

邱文傑

（邱文傑建築師事務所負責人）

文字／陳冠帆
插畫／Dofa

「我們這一代的人都有一個共同記憶，基隆港東岸山丘上的中正公園，曾經是台灣八景之一。我們小時候是會搭著火車千里迢迢來這裡看大佛廣場的；三十年來遊客銳減，現在年輕人想到基隆市，會先想到海與廟口，很可惜地，『山』漸漸被邊緣化。」建築師邱文傑如此說明。

計畫全名「希望之丘山城社區通廊系統建構計畫工程——豎梯工程」改造的目標，其實是找回老基隆人的驕傲與光榮。

人們到山上來，需要開車或步行一段時間，年長者或是身障者比較不方便。考量到希望打造人人都能親山的可能，市府在山腳下找了一個廢棄的警察局，用一個垂直電梯的概念建立捷徑，讓每一個人都能輕易地親近山。對邱文傑來說，這不只是一座電梯，而是一座文明的、友善的設施，不管是誰都能平等使用，得以快速、安全地抵達山丘。

此計畫最大的挑戰，是做到大自然和人造物的協調。建物造型是參考了基隆港口常見的「橋式起重機」，龐大的量體盡力做到與地景不違和；色彩計劃則是將山林的綠、鄰近「主普壇」的金黃做了調和，盡最大努力與人文地貌和諧共處。

基隆和山是緊鄰的，人們依山建設、傍山而居，她的美可以比擬義大利地中海山城，這個得天獨厚的地貌是有國際觀光潛力的，邱文傑期待把代表基隆的山延續到市區。葡萄牙里斯本有一座聖胡斯塔升降機（Elevador de Santa Justa），是這座城市最具代表性的景點，因此建築師也期待希望之丘可以成爲一個新城市地標，在都市文明的邊界，做一個點，與東岸的文化中心、郵輪停泊的港灣、廟口這三點連成一條線。綜觀整個基隆市，它固然是一個小點，卻將山、海、城串連了起來，對整座城市的意象有很大的推進。

用一個垂直電梯的概念建立捷徑，讓每一個人都能輕易地親近山。

基隆美術館——梁豫漳（禾磊設計顧問有限公司主持人）

文字／陳冠帆
插畫／Dofa

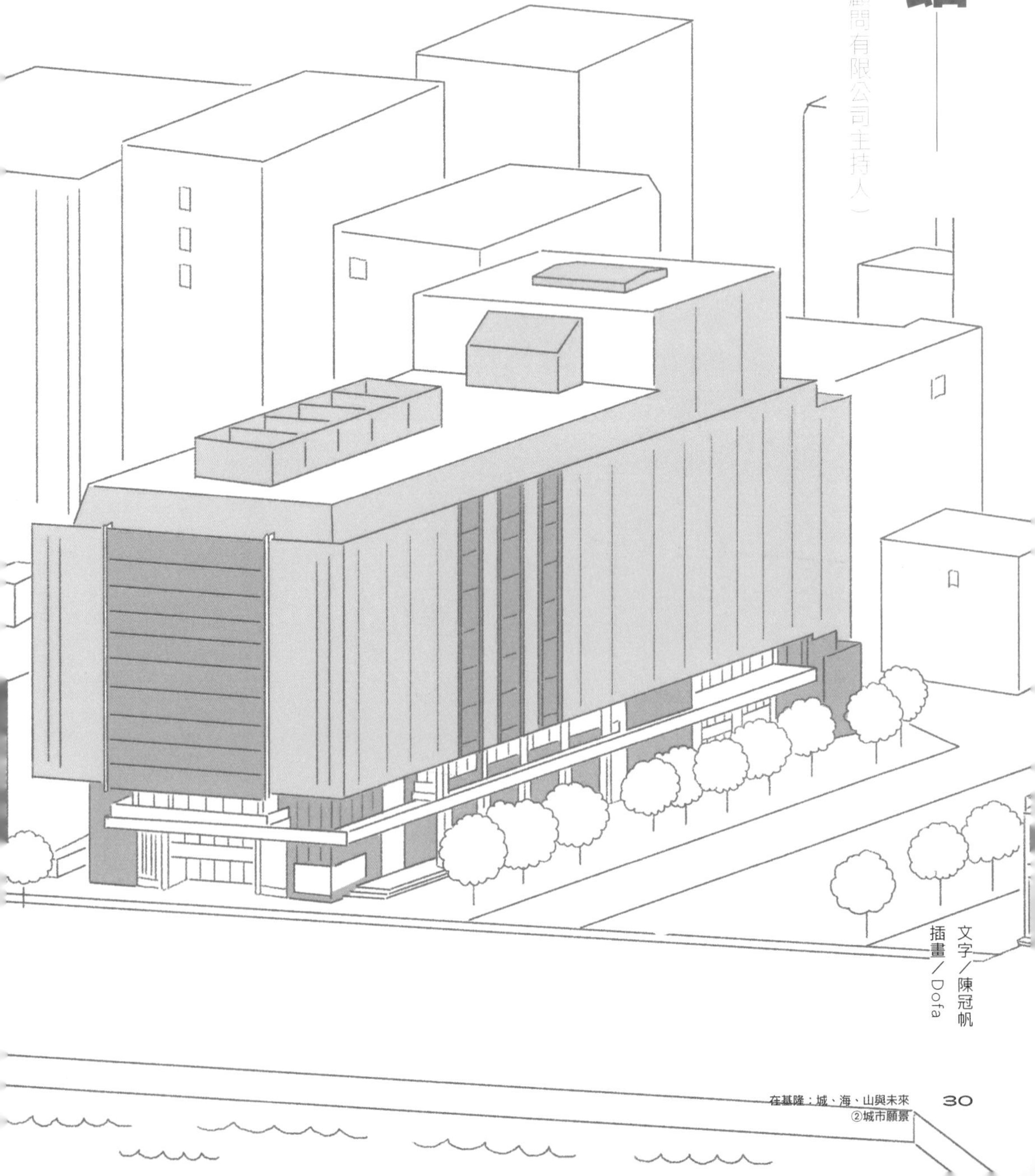

在建築師梁豫漳眼裡，基隆是一座很特別的城市，幅員雖小，卻有港、有山；臨著港，曾經是重要軍事與商業港口；臨著山，過往是煤礦的開採重地。早期，因爲港市分離，港口腹地小、建設飽和，沒有發展空間，總給人灰濛濛、混亂擁擠的印象；其實仔細看看港口的發展脈絡，會發現特別有趣。

梁豫漳的團隊與基隆港的淵源，來自幾年前的東岸廣場。這裡本來是俗稱的「爛尾樓」，塞在港口通往市區之間的重要節點上。當時提出以垂直增建的方式，改造爲垂直樣態的公共空間。把原本的地面層結構打開來，讓公車循環站和文化中心的車流在此暢通，解決接駁的問題；再來是在樓頂做空中跑道，讓遊客和市民可以從不同角度親近港口。

今年再次回到東岸，來看基隆文化中心的過去和未來。這裡在日治時代是公會堂，百年以來都是基隆人公共集會的重要場所，未來也將規劃爲藝文街廓。改造的方向同樣進行一個「打開」的動作，規劃出十字型的軸線：一條是東西向城市光廊，讓人們可以從港口這一側穿越到市中心，同時也有藝術展演的功能；另一條是南北向軸線，將騎樓改造爲文化商店，讓新的城市活動可以進入中庭空間，爲未來的藝文街廓奠定一個新的架構。

從港市分離到港市合一，基隆在這幾年做了一連串的都市改造計劃。梁豫漳認爲，「城市」是同一個時間軸上人類文明的集合體，在一個不斷演進的過程裡，透過不同階段的不同目標，日積月累所形成。所以，我們其實做的不只是文化中心的美術館，而是在基隆演進的時序中，透過設計介入，以更短的時間、更長遠的願景，讓都市空間的節點改變骨幹，讓具有歷史的封閉建築和外部的都市空間有更親密的關係，有新的都市活動，就會創造新的連結。

我們其實做的不只是文化中心的美術館，
而是在基隆演進的時序中，
透過設計介入，以更短的時間、更長遠的
願景，讓都市空間的節點改變骨幹

太平國小

郭旭原與黃惠美（大尺建築&郭旭原建築師事務所主持人）

文字／陳冠帆
插畫／Dofa

基隆港擁有自然的谷灣地形，兩邊山頭與港口呈現一個漏斗狀的姿態。如果你站在碼頭往上看，因爲視覺上的壓縮，整座城市像是層層堆砌在兩邊山坡上，這是改造太平國小的建築師郭旭原與黃惠美覺得最漂亮的地方。其他港口很少見到這種景象，這是一個只屬於基隆、得天獨厚的人文景觀。

太平國小位於基隆市西岸山坡上，過往的西岸碼頭具有商用、軍用，或漁用的功能，現在已漸漸沒落；相較於東岸的商圈集中、仕紳匯聚，西岸人口大量外移，太平國小在二〇一七年已停辦，廢校後大部分硬體也荒廢了，改造計劃是一個大挑戰。兩位建築師花了兩年，從地理和人文特色等方面去觀察，發現太平國小的位置其實是基隆港兩邊的視覺焦點。如果在遠處望向西岸，會看到一個很長很長的建築體，就是太平國小，而「基隆」兩個字的地標也樹立於週邊，兩者構成一個非常顯著的地標。

郭旭原與黃惠美的目標是把人帶到這裡來，選擇一個比較輕量的介入，增加讓人趨近的欲望。以類似「越後妻有大地藝術季」的做法，藉由藝術創作融入，對一個廢棄的校舍、人口外移的社區進行更新改造，讓居民和遊客一起參與，活化這個區域。

重新詮釋太平國小長型的建築物特性，在中間做了幾個挑空的場域，連結成爲可遊走的路徑；再邀請遊客順著規劃動線，到達校方屋頂的平台，延續到後方的健行步道——「穿越、連結」這些元素就是他們對太平國小的再定義。恢復一座城市昔日的光榮，需要一個象徵物，所以這次也有一個浪漫的想像，規劃在這個軸線上打造一座突起物，成爲一個鐘塔或是光塔，爲這裡的人們向外傳遞一個新希望；也讓所有人注意到基隆特殊的地形風貌，打造一個視覺新地標。

重新詮釋太平國小長型的建築物特性，在中間做了幾個挑空的場域，連結成爲可遊走的路徑

③

城市現地採集：1座城市×5位創作者×5個現地採集視角

● 舒國治——一個台北人六十年來基隆追憶

● 葉怡蘭——港控天堂

● 凌宗魁——基隆經典建築今昔

● 蔡傑曦——九個感到幸福的瞬間@基隆

● 張季雅——不曾停止的探索之心：和平島考古散策

一個台北人
六十年來基隆追憶

舒國治

台灣作家、美食家。早年從事電影工作，之後轉而投入寫作，作品以散文、遊記、短篇小說為主。曾獲得華航旅行文學獎首獎。作品有《門外漢的京都》、《台北小吃札記》、《宜蘭一瞥》等。

頭像插畫／JeanZhan

我很常跟朋友說，基隆，是全台灣我最喜歡寫、最喜歡談到的一個城市。

為什麼？我也不確定。但我東想西想，一定是某種在我童年就深深烙印在眼界裡腦海裡的幽幽微微景致、氣息、氛圍吧。

於是你就知道，城市是有一種氣氛的。城市也是有一種異鄉感的。這方面，五、六十年前的基隆，它在台灣是很出眾的。可以說，基隆太特異了。

六十多年前，我第一次看到的海，是在基隆。而且，不是看海灘，是看到海港的海。

那時候我媽，偶爾會去基隆看望同鄉，有時還坐下打幾圈麻將什麼的。四十年代末，無數的外省人在此下船。基隆，是他們在台灣認識的第一個城市。二十多歲時，在七十年代，我聽一個祖籍山東的朋友說，他們家在基隆住了十多年才搬到台北，原來他爺爺為了將來（所謂「不久的將來」）從台灣回返故園，自基隆等船登船等可以排得比較前頭。正是這樣的考量，有的家庭索性安家在基隆，而不住那些離港口遠、離大船遠的台北啦、台中啦等城市。

我跟著媽媽下了公路局（乘火車較少），通常會乘三輪車去朋友家，會沿著「田寮河」而行。只見河上浮著密密麻麻的猶未去皮的大木頭，有當地小孩在上面踩著走著，如同是走在彈簧上那樣來玩。我看著感到有趣，卻馬上被誡，說前兩天才有小孩一踩把兩根靠攏的原木踩分開，人掉了下去，隨即兩木合攏，小孩從此再沒有上來。

這一條河，大家現在叫田寮河，早先，也被叫做「博愛河」。但我做小孩子時，只叫他「運河」。河上每隔不遠，有小橋，有的還微呈拱形，老實說，真是很美。下雨時（基隆那時雨極多，一年中超過二百天），人們打著傘，低著頭匆匆過橋，簡直像極了日本劍道片的那種淒涼卻又有韻。

我和我的同輩小孩，在五十年代（即二十世紀的中段）初出生的，我們所處的周遭，日

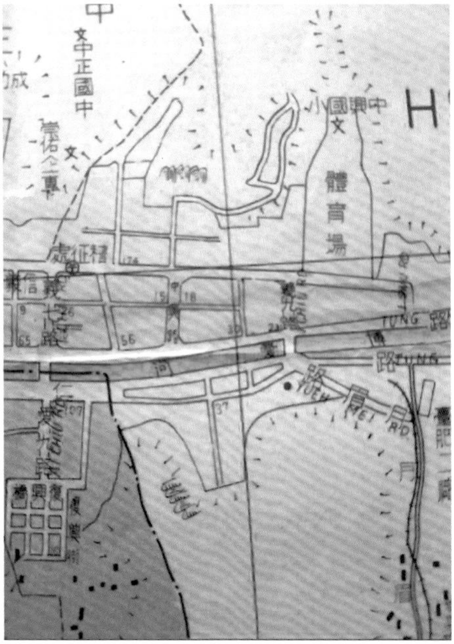

從 1974 年的老地圖，可看到當時的地政單位希望將現在的田寮河命名為博愛河，但此名或許只維持了很短時間，或後來根本沒得怎麼施行也是可能的。（圖片：舒國治提供）

本感是很濃重的。房子的模樣、街道的格局、色澤的偏黑等等。而基隆的這種日本感，更因多加了山坡與大海，顯得更是陰鬱。如果小孩當年看了日本片像《赤胴鈴之助》、《里見八犬傳》、《黃金孔雀城》之類，晚上走在基隆的河邊、橋上、或是山坡巷弄，那也眞太鬼氣森森的日本感啊！

這個我台北以外第一個遇見的城市，其實在景致上我寓目得更有豐富之感。主要那時放眼可以看得很全面。山在哪裡，海在哪裡，山坡上的房子（如延平巷）又是何等形樣，運河又在哪兒平躺著，橋又跨在哪兒……全是那麼布展得極爲妥宜，又全在人的眼角不遠處。

除了東面的田寮河，當年西北面流來的西定河，到了城市南緣，向北流，夾在孝一路與愛一路之間，這條河叫「明德河」，也是城市的美景（就像京都有些白川的小段落或高瀨川的小段落），如今也早已看不到矣。

二十年代，人要去大陸，也須在基隆上船，再航至上海等。以昔年台灣最有學問的彰化仕紳洪棄生（1866～1928）爲例，一九二二年他帶兒子洪炎秋赴北京讀大學，從中部乘火車先抵基隆，彼時未必有像樣旅館下榻，而他又是仕紳，於是得以住在另一個仕紳的家裡，便是顏家的「陋園」。

十多年前，我也曾在「陋園」外眺看了幾眼，深感當年基隆房舍不多、建設鮮少的那股清美，確實很該教基隆人自豪。

基隆，一直是個現代化城市。哪怕基隆人的空間崎嶇、基隆人的過日子未必比苗栗公館或南投竹山安詳舒泰，然公館、竹山不是現代化城市。基隆人的態勢，就透顯出一股城市氣。這在三、五十年前即已如此。

基隆的城市設施，在公車上最早即顯出它的現代化。與中南部的城市之難以公車普及化，相當的不同。

說到公車路線，像1路，人人馬上說「到和平島」。一說2路，馬上說「到市立三中」。一說5路，會說「到八斗子的」。

那些念「基水」或「海洋學院」的，最熟悉的祥豐街，會說「公車要坐1甲」。

那些在台北沒考上分數高的學子，有的高中唸了「基水」（基隆水產），則必須一早乘火車通學。聽他們坐火車上學的故事，不管是「淡水線」的，或是萬華的、新店的「萬新鐵路」，或是「基隆線」的，車廂內的打架、或談戀愛故事，都是我們在市內不曾火車通學的孩子很羨慕的經歷。尤其「萬新線」（即今日的汀州路）會經過的強恕中學，會經過五峰中學，會最後抵文山中學，這一路的「武林高手」特別多，故打架的故事特別精彩。

「基隆線」因有「基水」，也是「武功不弱」的學校，故車上也充滿刺激故事。

有時在台北上車，沒有雨，但基隆說不準，於是學子愛拉風，會穿上風衣，若在基隆遇雨，猶能稍擋。這是六十年代，亞蘭德倫穿的也是風衣。

其實學子那麼小就搭火車往遠處上學，是很能在小小心靈中種下「遙遠」或「天涯海角」的人生視野。侯孝賢拍的《戀戀風塵》，就能呈現那種少年人的對未來的迷茫。

基水畢業的人才，我恰好認識兩個，一個是在金馬獎常得大獎的攝影大師李屏賓，一個是自八十年代起就名聞畫壇的畫家鄭在東。

基隆是這麼的有滋有味，我不只一次和鄭在東、李屏賓聊到，怎麼沒有一部描繪到基隆的電影呢？侯孝賢的《悲情城市》與楊德昌的《牯嶺街少年殺人事件》都用到金瓜石、九份做場景，其實是對基隆這個雨都的延伸。

基隆的山海，夾得極緊，令基隆的胸腹之地很是拘窄；於是基隆的製吃，往往能在小小方寸之間把食物弄得小中帶巧。這在至少這五、六十年裡各街巷騎樓間設鋪子擺攤子的店家常有香美卻又簡淨的飯菜可以見出。

不只是廟口的小吃而已。

十五年前，我在「商業週刊」專欄提到的廟口19號晚上（白天是「光復肉羹」）的「何家滷肉飯」，被我稱「全台最好」，如今固然早已收掉，成爲絕響。但當年這位何鐘福老先生，他製吃之手法，可見出在「小」與「簡」之中的巧思。他的豬肉料理，赤肉、腿肉、

於是你就知道，城市是有一種氣氛的。
城市也是有一種異鄉感的。
這方面，五、六十年前的基隆，
它在台灣是很出眾的。
可以說，基隆太特異了。

豬腳都燙燒完淨，斬成恰好大小，鋪陳在案板上，等著隨時入湯。那種白燒之法，十分「現代」，十分「城市」，簡直能在東京和眾店家並列。同時非常符合基隆這個「現代港口」的城市風味。

廟口小吃，何等的大名氣；但我平生吃的第一碗日式豬排飯（Katzu Don），是在基隆廟口的那家當年應算高級的日本料理店「神州」。那是一間日本房子，那碗丼，當然是裝在有蓋的漆器碗裡，六十年代中。

「神州」也不在很多年矣。問五十歲以上的基隆人，當不至陌生。倘問七、八十歲以上的基隆人，或許講起「神州」，還勾出了極多的舊日基隆繁華。

老年代的基隆食景，是各街各騎樓皆有美味，並不只有廟口而已。如今廟口熱熱火火的紅了太多年，近十年據說也不是攤攤皆能維持著昔年水平。於是會吃的老饕，除了在城區內找早期質樸的料理，也會到暖暖、到猴硐、到瑞芳找逐漸在基隆消失的老年代口味，是一樣的道理。

依山面海，住得極緊，所以六十年代初我在基隆看一部電懋公司出品的黑白電影《寶蓮燈》，是在有三層樓座位的「中央戲院」（在仁三路），你看看，三層，往下望去，很陡。

這是基隆市。向西一些，離海更遠的七堵，則腹地也比較平曠了。這裡的生活，或說老百姓的情態，就也比較平曠了。不像基隆人的凝重，收緊。

六十年代我唸初中，班上就有兩個七堵同學，每天坐火車通學。而他們，不選基隆的學校念。

六十年代，我作爲一個少年，凡是去海邊，指的便是基隆。後來野柳流行了，金山流行了，那對我而言，皆是基隆這個海港的延伸。

有一次，我也去了八斗子。那天在沙灘上打赤腳走著，一不小心踩到了蚵仔的尖殼，血流如注，便這麼顛著簸著回到了台北。

基隆的地形，相當打造成它的格調。在層層疊疊的群山之後，有小溪流下；流向海的這面的，就只能是短而小的，於是造就了基隆這個小凹凹槽的美麗港口，然胸腹太緊了。至於從雙溪鄉群山流出的小溪，流往台北方向的，則蜿蜿蜒蜒的流成了大河，便是經過瑞芳、暖暖、汐止等地最後到了台北的基隆河！

這形成了在幾十年、甚至近百年的落腳過程中有流行所謂這麼一句話：「基隆人打拚最後，都希望搬進台北去。」這就像說瑞芳人、暖暖人都期望一日搬到基隆去，是類似的說法。

噫，其實基隆是何等挺拔多姿，哪裡要跟那些平白無奇的大而空曠之域一較優劣呢？

經過了六十年，我眞希望我童年、少年時的基隆那舉世無雙的絕代風華，還能在哪裡看到嗎！

噫，其實基隆是何等挺拔多姿，
哪裡要跟那些平白無奇的
大而空曠之域一較優劣呢？

麵控天堂

葉怡蘭

飲食旅遊生活作家。《Yilan美食生活玩家》網站與「PEKOE食品雜貨鋪」主人。寫作與研究領域橫跨飲食文化與趨勢、食材、茶、酒以及旅館與生活美學。著有《日日物事》、《日日三餐，早・午・晚》、《紅茶經》、《家的模樣》、《食・本味》《隱居・在旅館》等共十八本書，多數並發行簡體版。

頭像插畫／JeanZhan

因私人緣故，每兩週一次造訪基隆，斷斷續續維持至今已近十年。工作忙碌，通常無法多停留，早上開車前往，該辦之事完結後，短短吃頓午餐便快快回返。基隆相距台北說遠不遠，然多年來往還奔波坦白說還挺累人，遂對我而言，其中最大犒賞，就是這頓午餐了。

貪饞如我，一如向來認真對待三餐、從不輕率敷衍習慣，能力範圍內，總會盡量多方嘗試不同種類食物與店家；而午餐時段，胃納與時間精力皆不足，華餚大餐自然都排除在外，遂而各類市井小吃，自然而然成爲首要目標。

於是驚喜發現，基隆的小吃委實不凡。

繁榮富庶港都，卻因獨樹一幟地緣和歷史原因，並未走向奢華矜貴都會化，使飲食能量一方面無比豐沛豐碩，卻同時滿溢踏實平易庶民氣質常民味道，讓我心醉著迷非常。

說基隆小吃，大部分人第一印象都是廟口，我卻對市中心區爲數頗多且分布稠密的市場更爲情鍾——以之爲經緯，數不清的攤店從市場內外擴散綿延到周邊，一整片交織如網，重點區域幾乎每三五步便見一家，行步其間，左顧右盼盡是勾人色

阿忠麵店

港邊牛肉麵

阿忠麵店

仁愛市場 218 美食

三角窗麵擔

長腳麵食

繁榮港都，城市步調忙碌且商業氣息濃厚，外食人口為消費主力，遂形式上明顯大有別於台南常見的「一攤一味」以及點心般「吃巧不吃飽」，而是「一店一餐」。

香，即使明明已經吃得肚腹飽脹，還是被誘得饞念高張。

讓我這自詡出身小吃天堂台南、從來自豪非凡的府城女兒，一面不得不甘心折服確乎一點不輸，甚至還油然生出幾分他鄉如故鄉般的安頓歸屬感。

但平心而論，相較下，基隆的小吃風景，和台南還是有那麼點兒不一樣。

在台南，古城悠慢生活傳統，三餐都在家裡吃，小吃大多非爲裏腹而存在，而是餐與餐間消閒打牙祭的「點心」；遂而，份量多半小巧，內容單純做工講究，少而精緻，味蕾心情愉悅就好。

基隆則不然，繁榮港都，城市步調忙碌且商業氣息濃厚，外食人口爲消費主力，遂形式上明顯大有別於台南常見的「一攤一味」以及點心般「吃巧不吃飽」，而是「一店一餐」，有麵有飯還有整櫃整檯豐盛配菜，選擇多樣，菜式也更直率酣暢，由得人一頓放懷痛快吃足吃爽。

也因這「吃飽」特質，澱粉主食常爲主角，麵、飯、粥、粿仔米粉以至餅類水餃，讓身兼小吃控與澱粉控雙重愛好如我，簡直如入樂園般，餐餐大樂大飽。

最引人處還有，身爲北部第一大港，自日治時代起，外來人外來文化都以之爲第一站落腳，遂而類型上也分外混融，在地本味、和洋四方以至中國大江南北均在此交會交揉。

而尤其讓我興味盎然者，是麵——單單此一項，便能淋漓具現基隆之食的多元血統、紛呈多端。

這其中，印象最深刻莫過於乾麵。

從十年前開始在此城四處覓食起便已覺驚奇：幾乎可說不管走到哪兒，都可輕易得見乾麵蹤跡，宛若一座乾麵之城，尤其被稱爲一級重戰區的孝三路一帶，短短數十公尺內，各知名店家相互比鄰競豔，精采萬狀。

話說乾麵此物，從台南一路吃到台北與其他地方，深覺本身原就屬台島因應常日街頭飲食所需而生的獨特混血產物，且不同地域各見不同身世風貌滋味。而基隆這裡，來源眾說紛紜，從古早的福州廈門、到近代的山東老兵都曾聽聞；但和他處不同在於，麵條寬扁微黃透著鹼味、稱「廣東麵」，推測與廣東也有淵源。

拌麵油醬也各擅勝場。最得我心，是如赫赫有名、可稱孝三路一霸的「三角窗麵擔」，以及不遠處的「阿忠麵店」這般，淨白極簡，單單就是豬油、油蔥、豆芽，一點醬色也不見……許多人常會再以桌上提供的甜辣醬調味，但我定然不加，單單就是徐徐拌開細嚐，便已覺香與味與韻幽芳綿長。

另種會再調入自家配方的濃稠油膏，如名氣不下於三角窗的「長腳麵食」，以及我最常吃的仁愛市場附近、仁五路上的無名麵攤，豐濃鹹甘，也是特色。其他口味醬料如肉燥、沙茶、麻醬則雖也有，但就不若前二者普及常見。

值得一提是，吃乾麵，在地基本標配是餛飩湯。在基隆，若是麵出色，餛飩往往也極佳，個頭小小皮薄餡潤，口感味道都好。

乾麵之外，另一讓我格外留戀者，則是什錦麵。

常讀我的飲食文字的讀者可能都知道，我愛極什錦麵：看似尋常，卻從選材到高湯到火候炒工鑊氣，每一環節都是功夫手路；且最難是只能一碗兩碗炒煮，無法大量烹製出菜，遂而雖光芒遠不若牛肉麵、滷肉飯，卻是我心目中台灣常民廚藝代表。

也因這無從量產特質，好什錦麵往往一出名、開始大排長龍便很容易崩壞，反是隱於街巷煙火間、鄰里熟客長年依賴的樸實店攤常有驚艷之作。

爲此，總習慣隨時隨地尋覓好什錦麵的我，馬上就察覺，基隆委實難得寶庫。原因一如前述，繁盛龐大日常外食消費市場支撐，各式炒飯炒麵熱炒店攤百花齊放，美味什錦麵當然俯拾即是。

而若說孝三路一帶爲乾麵首善區，在我的基隆味覺版圖裡，什錦麵之精華區，則非仁愛市場莫屬。

話說仁愛市場盛名，其實早早就已在小吃饕客圈中傳揚；特別兩棟相連建物的二樓，店家櫛比鱗次，宛若基隆美食縮影，每到這兒都如入寶山，不管來多少次都有新發現，吃之不盡。

市場裡向來眾所矚目明星焦點，當屬物美價廉的生魚片攤，然對我而言，最是心折卻是什錦麵。

在這裡，小吃種類雖不少，卻以什錦麵熱炒攤檔陣容最堅強，從一樓到二樓，沒幾步距離便見一家，被我暱稱爲「什錦麵競技場」，算算至今所訪已近十家，卻猶覺應該還未盡數涵蓋。

最迷人是，市場裡新鮮現取上選食材爲支撐，料好實在是必然，但風味卻是個個不同：「218」的爽勁鮮美，「阿炮」的鍋氣飽滿，「阿中」的醇潤，「延三阿寶」的別出一格以柴魚湯底提點甘甜，都耐人回味。

而除了十足台味的什錦麵、身分混融的乾麵，北方麵食也獨到。想想也覺奇妙，說到此類食物，照理長年住居的台北才是各方公認大本營，但在基隆的幾處邂逅，比方「小山東手擀」的大滷麵，「信奕」與「港邊」的牛肉麵以至「德基」的水餃……其味其技貞淳扎實，比之台北各名店全不遜色，久久不見還會念想。

證諸基隆「麵」之實力魅力無比強大，誠服心悅，流連忘返。

證諸基隆「麵」之實力魅力無比強大，誠服心悅，流連忘返。

小山東手擀

仁愛市場延三阿寶

仁愛市場阿炮美食料理

信奕原汁牛肉麵

基隆經典建築的今與昔

凌宗魁

建築史與文化資產研究工作者，《紙上明治村》等書作者。學習美術和建築，服務於博物館的文化資產愛好者，喜歡從攝影、繪畫、電影和文字等各種藝術載體，尋找台灣建築中的生命故事。

頭像插畫／JeanZhan
攝影協助／王維綱（法呢@ cityflaneurs）

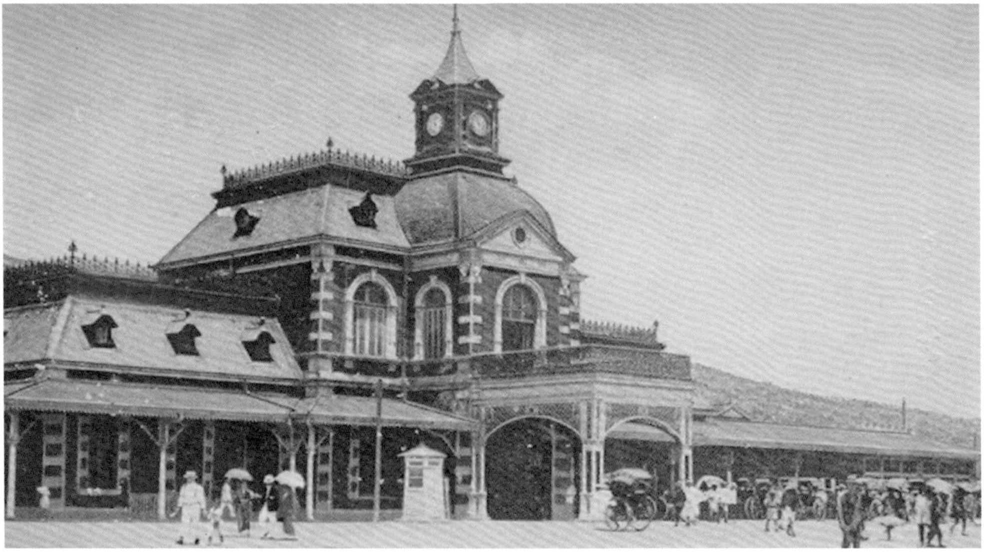

基隆車站

基隆爲海運時代的北台灣門戶港口城，有「台灣頭」的稱呼。建於一九〇八年，做爲縱貫鐵路起點，由鐵道部囑託松崎萬長設計的基隆車站，紅磚屋身與馬薩式屋頂（Mansard Roof）的搭配典雅美觀，柱頭壁飾有華美的勳章飾，立面開窗設拱心石、轉角石、屋頂的雕花鑄鐵欄杆等細節，皆表現模仿歐洲工藝的細緻，時鐘加上尖塔則爲同時期車站建築的典型配備，同爲松崎萬長設計的新竹車站今日仍存。

基隆車站馬薩式屋頂的老虎窗在戰後整修後消失，阻礙屋架內保持通風乾燥的狀態，在多雨的基隆對站體維護相當不利，一九六七年在臺鐵有計畫改建縱貫線所有大型車站，台灣頭基隆車站首當其衝，拆除改建爲鋼筋混凝土現代主義風格的站體。

台灣古寫真上色提供

大阪商船基隆支店

航運爲日本時代台灣對外最主要的交通網絡，一八九六年總督府委由大阪商船株式會社開設台灣沿岸命令航線，由神戶出發，經由鹿兒島及沖繩或門司到達基隆，大阪商船也於一九〇七年，聘請剛來到台灣擔任總督府囑託的森山松之助設計座落於基隆港邊的華美社廈。

大阪商船基隆支店的建築特色，採用四面如街屋的荷蘭風格小型山牆，組成立面分割，使其與民家商店相較不致過於突兀，再簇擁著以包覆閃亮銅版瓦穹頂做爲視覺地標的轉角塔樓，並以辰野風格帶飾統合整體設計，強調企業自明性。此外在轉角二樓退縮出一個可眺望港口的露台，是台灣在明治時代非常經典的民間廳舍建築作品，可惜在二戰時毀於空襲，原址現爲公車站。

姚銘偉、台灣古寫真上色提供

基隆郵便局

落成於一九一一年的基隆郵便局位於田寮河畔，可能是近藤十郎任職營繕課課長時，與時任技師的森山松之助共同設計的作品。基隆郵局列柱玄關後業務大廳上的壯觀穹頂類似台北州廳，爲造型略扁的拜占庭式，壯觀廊柱由河岸襯托出的氣勢，可比美上海蘇州河畔的郵政大樓，左翼並由一座承襲自倫敦西敏寺大教堂（Westminister Cathedral）高聳視覺效果的高塔收尾，也如同爲港都的橫濱開港紀念館高塔，採用佈滿紅磚與白石交錯的辰野風格帶飾，是船員在船上即可清楚辨識的顯著天際線，耀眼奪目的造型，曾讓日本畫家三宅克己大爲驚艷，認爲較之橫濱和神戶毫不遜色。戰後拆除新建的現代主義局舍，則由設計台灣省議會的建築師林澍民擔當設計。

基隆公會堂

第一代石造木屋架的基隆公會堂一九〇二年建於義重橋旁山丘上，但因雨水滲漏屋架腐朽，一九一五年以紀念大正天皇大婚爲名義，再建新公會堂於日新橋旁軍方土地，與華麗的郵局遙相對望。帶有三角山牆的磚造新公會堂，延續舊公會堂的石砌厚重感，門面設義大利文藝復興風格的仿石砌三連拱強調入口，襯托二樓的磚造表情相當醒目。戰時空襲造成基隆公會堂局部受損，戰後修補繼續做爲中正堂，並於一九七七年陳正雄市長任內遭到拆除，原址於一九八五年改建落成爲包含集會功能的基隆文化中心，由中正紀念堂和圓山大飯店的建築師楊卓成設計。

台灣銀行基隆支店

日本時代的台灣銀行，在台灣擁有國會通過的專屬法令、貸款總督府的鐵路建設、港口建設和土地調查、發行官方通行有別於日本本土的貨幣「台灣銀行券」、做爲如鈴木商店這樣的日資企業在台灣的貸款債權銀行、戰後成爲中華民國中央銀行在台灣的代理銀行，是非常多重要事件的歷史場景。帶有「第二帝國風格」意味的複折馬薩式屋頂，內部無實際可使用之空間，只是外觀裝飾，但也以高聳外觀做爲市民所仰望的地標。以灰泥和洗石子模仿石砌厚重的表情充滿歐陸風情，鑄鐵雕花的門廊懸臂雨庇，以及室內木作搭配黃銅的櫃臺非常精美細緻。戰後初期以現代主義外觀包覆增建，一九八〇年代拆除興建行舍新大樓。

九個感到幸福的瞬間 @基隆

蔡傑曦

畢業於台灣大學生傳系，按快門的同時也寫字。偶爾經營社群，遊走在商業合作和獨立創作之間。攝影是記錄，書寫是紀念，但它們都是留給自己的禮物。曾出版攝影散文集《謝謝你走進我的景深》、《還想浪費一次的風景》。

頭像插畫／JeanZhan

①窩在書店，找到幾本關於基隆的書，嘗試理解踏的這塊土地是怎麼成為它現在的樣子。 @見書店
②市場的一角，鄰居們聚集聊天，偷聽了幾句對話，好像回到舊時光裡的斑駁場景。 @仁愛市場
③經過成堆的新鮮漁獲，深吸一口一陣陣海的氣息。 @崁仔頂漁市
④炎熱的午後，找到一片樹蔭，觀察陽光透過葉子晃動的痕跡。 @和平島公園

①

②

③

④

⑤穿上一件泳褲(或海灘褲),跳下海,輕輕撥動海水,感受它的流動,讓灼熱的陽光和冰涼的海水在身體形成一種平衡。
@外木山

⑥騎車下坡，望見相對升高的藍色海面，讓風輕輕底排打在身上。（雖然無法確認那是地面風還是海風）
@任何一條前往海邊的路上

⑦在窗邊不小心打了瞌睡，醒來後發現排列整齊的彩虹屋子倒映在港邊的水面上。
@正濱漁港

⑧坐船出航，成群的黑鷲在身後展翅，船隻逆風前進，看著順著風飛行的鷗鳥時而接近時而遠離。
@基隆港口

⑨趴在草地上，讓青草和海的氣味和在一起，遠遠地看見基隆嶼飄在海面上。
@潮境公園

不曾停止的探索之心：和平島考古散策

張季雅

七年級生，出身於嘉義梅山的茶農之家。目前在北部從事漫畫及插畫等創作工作。可以出門取材／旅遊的漫畫主題貞棒！原創漫畫作品：《異人茶跡》系列一到四集。

頭像插畫／JeanZhan

以往來到基隆，大多只在港口及廟口夜市一帶活動的我，
用地圖再確認一下
基隆車站(北)
Keelung Station (North)
和平島公園 HEPING ISLAND PARK
今天要去和平島。
感覺好遠啊…
等等—
101
搭上公車，
大約三十分鐘的車程，
意外地像山路一樣晃！
在「和平島公園」一下車，
那個辦桌用帳篷！
莫非就是—
馬上就看到今天的目標，

喔喔！
原來實際規模這麼大啊…
西班牙時代教堂遺址考古現場。
這個石堆是…教堂的牆壁嗎？
有告示牌—
但還沒有訊息…
真可惜
薩爾瓦多城堡的本體遺址則在沒有對外開放的台船園區裡面。
接著去和平島公園看看吧。

註：作者於 2020 年夏季造訪，現已完成告示牌製作，歡迎民眾前往參觀。

和平島公園 Heping Isl
哇——
這港灣也太美了吧！
超級漂亮！
可以在這裡拍一整天——
可惡，還是下雨了……
和平島舊稱社寮島、棕櫚島，
最早平埔族的巴賽人居住在此。
趁躲雨再多查一些和平島的資料…
Google

十七世紀大航海時代西班牙人在島上建立了城堡聖薩爾瓦多城
荷蘭人、鄭成功的軍隊之後相繼來到島上、離開……
大航海時代也暫時落幕
但留在島上的歐洲城堡依然引人注目
十九世紀中，開港後來到台灣的洋人，
例如英國領事斯文豪、馬偕博士等
都曾紀錄下城堡的存在
二十世紀日本時代，
臺北帝國大學的土俗人種學教室進行了城堡四邊稜堡的發掘工作。
西元年兩千年後來自西班牙的台大外文系鮑曉鷗教授
從文獻上著手調查和平島的歷史後，更使用雷達探測確定城堡的位置
二零一一年，『聖・薩爾瓦多城考古試掘計畫』正式開始——

……啊，
原來──
雨停了
聖薩爾瓦多城的紀錄和考古，
好幾百年來一直都有人在探索。
…城堡的遺址有一天能完整呈現嗎？
即使遺跡隨著時間被砂石層層掩沒，
離開前再去看一下教堂的遺跡吧。
探索的心也會穿越層層障礙吧！

④

特別收錄
有氣味的清單：
閱聽基隆的文化風景

城市採集的過程，其實可以說是一種專屬於此時、此刻、此地的時空切片，可以是文字、可以是照片、可以是音樂、可以是影像；在這些不同時代的切片中，我們看到時間的消逝、空間的換移，但也看見對於創作的熱情、對於土地的無以名狀的牽掛，當你對一座城市有了牽掛，它就可以是你的故鄉。

除了海港和雨天，我們還認得基隆的什麼？透過書中文字，得以拓展對基隆人、事、時、地、物的想像——基隆的文化地景裡，有不可或缺的碼頭工人，有被列爲國家文化資產的中元祭，有自荷西時期開始的四百年歷史，還有廟口小吃及港邊水產……種種特色，都有寫作者以文字搜羅、梳理；他們記載的，不僅是基隆的外在樣貌，更是寫作者對這塊土地的情感投射。

市長的口袋食堂：林右昌X45家基隆美食

吉古拉、大燒賣、大腸圈、營養三明治……從基隆獨步全台特色小吃中，看見食物背後深層文化意涵。

林右昌著，商訊文化，2018

基隆漁港二二八

以三十篇口述訪談紀錄，描繪出基隆地區的二二八受害者輪廓。

張炎憲等著，吳三連台灣史料基金會，2011

基隆中元祭：史實、記憶與傳說

以學術研究與民間記憶相互辯證，勾勒出基隆中元祭的歷史事實。

吳蕙芳，學生書局，2013

雞籠中元祭

在地基隆人透過圖文故事，帶領大小朋友認識中元祭之意涵、由來。

曹銘宗著，查理宛豬繪，聯經出版公司，2014

基隆的氣味

雨港女兒與基隆女婿，透過文字揭露基隆魅力的散步指南。

鄭栗兒、鄭順聰著，有鹿文化，2015

靜寂工人：碼頭的日與夜

以人類學的視角，凝視基隆港邊最容易被忽略的風景—碼頭的工人。

魏明毅著，游擊文化，2016

書

凝視雨都——藝術家的基隆

集藝術家眼中的基隆於一書，有電影、歌謠、舞蹈等創作。

基隆市文化局著，基隆市文化局出版，2017

花飛、花枝、花蠟仔：台灣海產名小考

透過語言的考究，認識海洋文化的多樣性。

曹銘宗著，貓頭鷹出版社，2018

日治時期基隆築港之政策、推行與開展（1895-1945）

築港不僅是構築一座港，種種決策，皆對地方社會產生重大的影響。

陳凱雯著，秀威資訊，2018

雨的布魯斯：咱的基隆好生活，台灣頭巷內底的故事

以二十五張手繪插畫與文字，傳遞最道地的飲食與海港文化。

魚夫著，遠景出版，2019

畫家帶路，基隆小旅行

以溫柔筆觸的水彩畫及文字，紀錄作者私房旅行地圖。

王傑著，太雅出版社，2019

鷹飛基隆：台灣最美的四季賞鷹秘境

透過理性的黑鳶生活行爲觀察，並以感性的文筆紀錄，是了解基隆市鳥黑鳶的最佳入門手冊。

陳世一，新自然主義股份有限公司，2020

看海的地方

作者駐村正濱漁港後，以漁港生活爲基調所創作的圖文故事。

徐至宏，步步，2020

沒有掌聲的討海人：走過八斗子海灣60年

三位曾於八斗子居住過的寫作者，以工作坊形式，記述八斗子的漁村文化。

杜秀蓮、許焜山、杜世寬，遠景，2020

電影、紀錄片、劇集

透過影像，我們能以最直球對決的方式認識一座城市的樣貌。導演透過鏡頭的短長焦距、節奏的快慢拍數，使我們看到敘事舖陳，然而場景的初步選擇，便已決定畫面以下、感受以上的一切。囊括七部台灣導演所拍攝的電影、紀錄片與劇集，帶領我們認識不同角落的基隆城。這裡也許沒有繁華的都會光景，卻有著小人物們的傾訴與笑淚，在陸橋、在港邊。而這些景致，日復一日、年復一年地見證著每一個時代的興衰。

悲情城市

以二二八事件爲背景，揭露台灣社會中，個人與集體的身份認同困境。

侯孝賢，2小時37分，1989，電影

黑暗之光

以寫實的手法，敘述台灣社會中族群的複雜性，亦表達對社會底層人物的關懷。

張作驥，1小時45分，1999，電影

千禧曼波

一個女子、一段俯拾即是的年輕愛情故事，在顛簸渾沌之中，摸索城市中的生存法則。

侯孝賢，1小時59分，2001，電影

魔法阿嬤

融台灣傳統習俗與隔代教養於題材中，笑中帶淚的濃濃人情味更引人共鳴。

王小棣，1小時20分，1998，動畫電影

海角七號

曾經放棄的夢想、曾經失去的愛情，這些遺憾在電影敘事中一一被化解、彌補。

魏德聖，2小時09分，2008，電影

黑鳶想飛

紀錄「黑鳶先生」沈振中為了追尋黑鳶，而放棄教職的心路歷程。

梁皆得，1小時15分，2015，紀錄片

苦力

以社會基層的碼頭工人及其家庭為主角，對比一九七〇年代的戰後榮景，刻畫小人物於大時代的處境。

李岳峰，1小時（集），共三十集，2019，劇集

親愛的房客

全片多於基隆取景，刻畫關係中愛的極限與界線，懸疑中暗藏溫暖基調。

鄭有傑，1小時46分，2020，電影

音樂

樂曲是如海一般流動的時間藝術。以旋律作爲情感的載體，以詞作爲敘事的延伸，兩者交織，傳遞當下時空背景的樣態。與基隆相關的歌曲，關鍵字總是不離港口、雨天、惜別。看似陰鬱實而灑脫，一如在海洋面前，任何記憶都是飄渺而年輕；而即便場景陳舊，世世代代的情感缺口依舊相似，有舊有新的基隆取景Music Video，足以引起世代共鳴、歷久不衰。

◎港口才會出現的歌曲 Style

「啊／茫茫前程／港都夜雨那抹停」

——洪榮宏／《港都夜雨》，1958

「今夜的送別情話／更加糖蜜甜」（其他：《船去情也斷》、《霧夜的燈塔》、《船上的男兒》）

——葉俊麟／《惜別夜港邊》，1961

「流浪的行船人船袂離開基隆港／鑼聲哪響亮送出航」

——葉啟田／《惜別基隆港》，不詳

「基隆港邊的鐵路下／有一個下港來的老阿伯／他細漢甘苦嘛眞壞過／推車出外在賣黑輪」

——林強／《黑輪伯仔》，1991

「趖夜市的生活／提醒著咱兩人這青春有時」
——拍謝少年／《趖夜市》，2020

◎令人印象深刻的基隆取景 Music Video

李宅——李心潔／又下雨了／1999

廟口、台灣電力公司協和發電廠的三根煙囪
——周杰倫／退後／2006

仁愛市場、明德至善親明三連棟大樓、阿根納造船廠
——李英宏 aka DJ Didilong feat. 蛋堡 Soft Lipa／什麼時候她／2016

火車站前天橋、明德至善親明三連棟大樓
——Crispy 脆樂團／你說風景無法帶走／2017

崁仔頂漁市——茄子蛋／浪子回頭／2017

社寮福德宮、正濱漁港、崁仔頂漁市
——茄子蛋／浪流連／2018

阿根那造船廠、和平島公園——董事長樂團／瘋人／2018

基隆的新鮮

9

#基隆的夜晚

編輯後記

主編／劉玟苓

在日夜往返基隆與台北的採集過程之中，夜深離開平面道路乘上前往台北高架橋的那個瞬間，在那時候回頭，還有機會能同時將基隆的海、基隆的城，以及基隆的山收入眼底，那對我來說，是一個只屬於我與基隆城的魔幻時刻。

基隆這座城市是神秘的，她的神秘在於，人們似乎總是先認識了港口，認識了食物，卻時常未見其山、其城與其人，對一個原鄉並非基隆的編輯而言，在《在基隆：城、海、山與未來》這本書中，我們試圖以另一個角度去理解基隆，不敢說更宏觀，更多地只是想要滿足一個又一個曾接受基隆海景美食與人情餽贈的好奇心——好奇這座山、海緊靠的城市是如何長出；好奇是什麼樣一段又一段的台灣史縮影，讓這座城市長成現在又古又現代的交錯市景；好奇是什麼樣的族群遷移衝突融合，反映在基隆一道又一道令人流連忘返的美味小吃；好奇每一位基隆人口中的故事，以及他們對自己土地的未來想望……

二〇二〇年的春夏，採訪團隊在基隆看見的，是一個很多有形的、無形的改變在醞釀、滾動的城市，可以強烈感受到這座城市似乎正在找出自己與別人不同的城市性格——從歷史的紀錄中，從長於基隆、遷至基隆、回到基隆的「基隆人」的口中，從不同創作者的感受中，我感到那是一開始有點不自信但卻因此穩扎穩打地，是看見更多城市本質並試著採用不同於以往作法的，是努力讓自己更好但仍包容接納的，而我們何其有幸，得以有此機會跟著一起見證這座城市的這個魔幻時刻。

國家圖書館出版品預行編目 (CIP) 資料

在基隆：城、海、山與未來 / 張鐵志總編輯 . -- 初版 . -- 基隆市：基隆市文化局, 2020.11
面； 公分 . -- (文心叢刊)
ISBN 978-986-5417-19-2(平裝)

1. 歷史 2. 人文地理 3. 基隆市

733.9/105.2　　109019219

在基隆
城、海、山與未來

文心叢刊 312

發行人　林右昌
出版人　陳靜萍
指導單位　文化部
主辦單位　基隆市政府、基隆市文化局
出版單位　基隆市文化局
專案　鄭婕希、許凱麗、戴瑞儀
地址　基隆市中正區信一路 181 號
電話　02-2420-1122
統籌執行　青鳥文化制作有限公司
統籌　蔡瑞珊
專案　王蔚慈
編輯製作　一頁文化制作股份有限公司

總編輯　張鐵志
主編　劉玟苓
編輯助理　周鈺珊
美術設計　海流設計
文字　賴奕諭、許慈恩、周鈺珊、陳冠帆、劉玟苓
攝影　林科呈、蔡耀徵、王維綱
圖片　雞籠卡米諾、劉玟苓、基隆市文化局
插畫　Dofa、JeanZhan、Lucyyao
內容顧問　何昱泓
企劃創作　舒國治、葉怡蘭、凌宗魁、蔡傑曦、張季雅
印製　泳勝采墨工作室
總經銷　時報文化出版企業股份有限公司
公司地址　台北市萬華區和平西路三段 240 號 5 樓
電話　(02) 2306-6600

定價　新台幣 450 元
ISBN　978-986-5417-19-2
GPN　1010901996
2020 年 12 月初版一刷